सारतिका स्मृति अवशेष

कविता संकलन

भूपेन्द्र नायक

XpressPublishing
An imprint of Notion Press

XpressPublishing
An imprint of Notion Press

Old No. 38, New No. 6
McNichols Road, Chetpet
Chennai - 600 031

First Published by Notion Press 2020
Copyright © Bhupender Nayak 2020
All Rights Reserved.

ISBN 978-1-64892-742-3

This book has been published with all efforts taken to make the material error-free after the consent of the author. However, the author and the publisher do not assume and hereby disclaim any liability to any party for any loss, damage, or disruption caused by errors or omissions, whether such errors or omissions result from negligence, accident, or any other cause.

While every effort has been made to avoid any mistake or omission, this publication is being sold on the condition and understanding that neither the author nor the publishers or printers would be liable in any manner to any person by reason of any mistake or omission in this publication or for any action taken or omitted to be taken or advice rendered or accepted on the basis of this work. For any defect in printing or binding the publishers will be liable only to replace the defective copy by another copy of this work then available.

अपने माता पिता एवं

जवाहर नवोदय विध्यालय को समर्पित

क्रम-सूची

प्रस्तावना	vii
भूमिका	ix
1. यादों का सफ़रनामा	1
2. नादान सा इश्क	2
3. एक गीत अरमानों का	3
4. प्रेम निवेदन	4
5. बेज़ुबान सी मुहब्बत	6
6. मेरी चाहतें	7
7. कुछ फूल कचनार के	9
8. सारतिका स्मृति अवशेष	10
9. भूल जाना चाहता हूँ	13
10. इंतजार	16
11. नवोदय छोड़ने से पहले	18
12. दोस्ती	21
13. बचा लो बचा सको तो	24
14. नारी सशक्तिकरण	27
15. ख्याल ए हिज्र	30
16. वह खोदती खाई	31
17. वो भी तन्हां थे	35
18. चलो उन्हें भुला दें	37
19. गज़ल	38
20. गीत	39
21. अपनों का घर	41
22. मुहब्बत में तो वो भी थे	43

• v •

क्रम-सूची

परिचय 45

प्रस्तावना

अच्छी और असरदार कविताएँ जीवन के सृजन का सन्देश देती है, साँसों के इर्द गिर्द चलती है और विभिन्न रसों से मनुष्य को सराबोर करती है । कालजयी रचनाओं में अनुभव का बड़ा योगदान रहता है । भूपेन्द्र नायक का इस और ये प्रथम प्रयास है जहाँ उन्होंने बड़ी बारीकी से सलीकेदार कविताएँ, गज़ल और कुछ गीत प्रस्तुत किये हैं ।

संकलन में कुल २२ रचनाएँ है और इन रचनाओं की प्रथम पाठक होने के नाते मैं कह सकती हूँ कि ये रचनाएँ कमोबेश अच्छी कविताओं के स्तर पर खरी उतरती है। मैं इनके इस प्रयास की भूरी भूरी प्रशंसा करती हूँ। और भविष्य में और बेहतर और उम्दा कविताएँ पाठकों को दे सके, ऐसी कामना करती हूँ।

शुभकामनाओं सहित ,

डॉ. छाया मरमट नायक

बैंगलोर

२४ अप्रैल २०२०

प्रस्तावना

आपके प्रथम प्रयास हेतु

भूमिका

प्रस्तुत संकलन में संग्रहित ये कविताएँ उस वक्त लिखी गयी थी जब मैं पहली बार एक अनसुलझे से इश्क़ का शिकार हुआ था। अगर मुझे ठीक से याद है तो इन कविताओं की रचना जवाहर नवोदय विद्यालय में १० वीं से १२ वीं कक्षाओं के अध्ययन के दौरान ही हुयी थी। जिस तरह हरेक नवोदय विद्यार्थी अपने जीवनकाल में इन कक्षाओं की पढाई के दौरान किसी न किसी पर आकर्षित हो ही जाता है, ठीक वेसा ही तो कुछ मेरे साथ हुआ था। कुछ अपने आपको प्रकट नहीं कर पाते, तो कुछ अपने आपको प्रकट करने का दुसाहस कर बैठतें है।

अब मैं ज्यादा थोड़ी न लिख पता हूँ। कठिन सा प्रतीत होता है। एक लाइन भी तो नहीं बन पाती। बनती भी है तो अधूरी ही रहती है। लिखी पड़ी रहती है मेरे किसी बोशीदा रिसर्च पेपर की पीठ पर। कवित्व की कमी हो गयी है शायद। या फिर शायद ये सच है कि कविताएँ उपजती है हृदय में। मस्तिष्क पर जोर देके कविताएँ नही रची जा सकती। कोशिस भी करोगे तो मौलिकता खो जाएगी।

मेरी अधिकतर कविताएँ रोमांटिक प्रतिबोध से भरी हुयी हैं। तटस्थ है और आत्मीयता से भरपूर है। ऐसा इसलिए है की शायद मैने उस वक्त को भोगा है, जिया है, उसके स्वाद को चखा है और यथार्थ से रूबरू हुआ हूँ मैं। इसी तरह संकलन में एक आध ग़जल और गीत भी है। कम है, प्रेरित भी है दुसरे गीतों से, लेकिन यक़ीनन अच्छे है। हृदय के गीत है, हृदय की गजलें है।

कहीं कहीं ये सब रचनाएँ छंदबंद है तो कहीं कहीं छंदों से मुक्त होकर प्रवाहित होती हैं। कहीं ये छंद मुक्त कविताएँ आपको स्वाद न दे सके तो मुझे क्षमा करें। पर छंदों से मुक्त होकर अपने मोनोवेगों को रूप देने से मैं खुद को रोक नहीं पाया। रोकता तो शायद ये न्यायोचित नहीं होता।

मैं आभारी हूँ जवाहर नवोदय विद्यालय का जिसने मेरे व्यकितत्व की नींव रखी। मैं आज जो भी कुछ हूँ, वो शायद न होता अगर जवाहर

नवोदय विद्यालयों ने मुझे थाम न लिया होता तो । मैं हृदय से आभारी हूँ उसका भी, जो मेरी कविताओं का केंद्र बिंदु रही है । नाम न लिख पाउँगा क्यूंकि बीत गयी सो बात गयी ।

मैं आभारी हूँ अपने माता पिता का, जिनका खून मेरी रगो मे दौड़ता है । जिनकी परवरिश पर मुझे हमेशा गर्व है । और हर जन्म में उनको ही माँ बाप के रूप में पाने की मेरी लालसा है । मेरी पत्नि, डॉ. छाया नायक एवं पुत्र मुदित नायक भी मेरी क्रतज्ञता के पात्र है, जिन्होंने अपने हिस्से का वक्त इस पुस्तक के लिए मुझे दिया । मैं आभार व्यक्त करता हूँ आप सब पाठकों का और आशा करता हूँ की आप मुझे जरुर लिखेंगे अपना एक एक विचार इस संकलन हेतु । मैं प्रकाशक का भी आभारी हूं, जिन्होंने हमें आपस में बातचीत करने का एक मचं इस पुस्तक के माध्यम से दिया ।

भूपेन्द्र नायक

बैंगलोर, २४ अप्रैल २०२०

1. यादों का सफ़रनामा

यादों का सिलसिला अब बेकार लगता है,
बिकते हैं कांटे यहाँ, ऐसा बाज़ार लगता है ।
है हर शख्स की नजर में कातिल हर शख्स,
मौत का अब तो लोगो में ज्वार लगता है ।

मैं खोजने निकला था मुहब्बत की गलियां,
हर चौराहा मगर मुझे खूंखार लगता है ।
इस मोड़ के आगे भी तो कोई मोड़ होगा,
भागती रूह तो डर बेशुमार लगता है ।

मत निकालो तन्हा इस शहर में तुम,
हर चोराहे पे लाशों का अम्बार लगता है ।
यूँ तो मजहब के साकिन है सब लोग यहाँ,
धर्म अब तो मुझे फ़क्त व्यापार लगता है ।

इस बेवफा वक्त में मुहब्बत करे तो किस से करे,
यादों का ये सफरनामा मुझे उधार लगता है ।

2. नादान सा इश्क

बहुत ठोकर खाई हमने, दर किनार भटकते रहे,
भूले पता अपने ही घर का, आंसू नैनों से टपकते रहे ।

लाख अरमां थे दिल में की अपना इक संसार होगा,
नहीं सोचा था बिना तुम्हारे जीना ही निस्सार होगा ।

तन्हाइयों को सहारा बनके, गम में जीना सिखते रहे,
लेकर हुजूम झूठी खुशियों का, तुमको खुश ही दिखते रहे ।

दिल था नाजुक, टकराके पत्थर से चकनाचूर हो गया,
इश्क ज्वाला धधक रही थी, तुम्हे अपना ही गरूर हो गया ।

इश्क हमें है अब भी तुमसे, तुमसे हम ये छिपाते रहे,
ताने बहुत तन्हा रातों ने दिए, तन्हा उन्हें हम बिताते रहे ।

मुहब्बत करो गर पत्थर से, पत्थर भी पिघल सकता है,
चिराग जलाओ मुहब्बत के तो, मौला भी मिल सकता है ।

चिराग प्यार का जला है दिल में, हम नाहक सोचते रहे,
क्या पता था नादाँ दिल को, पत्थर में पानी खोजते रहे ।

3. एक गीत अरमानों का

दिल में उठे अरमां, मचल जाते है क्यूँ ?
राह चलते चलते कदम, फिसल जाते है क्यूँ ?

तू ही बता क्या बात है, मेरे यार तुझमे,
हम होश में रहकर भी, बहक जाते है क्यूँ ?

तेरे आँचल की हवाओं को यूँ, सजदा करें,
तेरी खुशबु तेरी रंगत से, महक जाते है क्यूँ ?
दिल में उठे अरमां, मचल जाते है क्यूँ ?

मेरी आवारगी से भरी रातें, तेरे शहर में गुजरी,
इन शरीफों की बस्ती से दूर, निकल जाते हैं क्यूँ ?

हम तो है बर्फीले बदल से, मिरी जान,
मुहब्बत के पहाड़ों पर, पिघल जाते है क्यूँ ?
दिल में उठे अरमां, मचल जाते है क्यूँ ?

ख़त्म होने को है कारवां, मेरी साँसों का,
तेरी साँसों की गर्माहट से, सिहर जाते है क्यूँ ?

हम जर्रा, तुझसे चाँद को छूने का हुनर सीखेंगे,
तेरे दीदार को फलक पर, सितारे ठहर जाते हैं क्यूँ ?
दिल में उठे अरमां, मचल जाते है क्यूँ ?

4. प्रेम निवेदन

प्यार का तार बजा था दिल में,
चाहत को कागज पे उकेरा था ।
दे दिया बच्चे को उसे देने,
मार्च का नया सवेरा था ।

और पंखुडियां खुल गयी फूलों की,
सुरभि चंहूँ और लगी बिखरने ।
दिल की महकी सी वादियों में,
कोयलें थी लगी चहकने ।

मगर मेने ये सोचा न था,
वो पुर्जा वापिस चला आएगा ।
दिल के अरमानों से बना हुआ,
वो स्वप्न महल ढह जायेगा ।

झट जीवन मरुस्थल बन उठा,
घिर उठा घोर अँधेरा था ।
मैं प्यासा और पगलाया सा,
मृग मरीचिका ने घेरा था ।

वो कहने लगी, मैं औरों जेसी,
नार नहीं, कचनार नहीं ।
मेरा नाम जुबाँ पे मत लाना,
तुम मुझको स्वीकार नहीं ।

मैं ऊँचे घर की, मेरी ऊँची जाती,
मेरे इर्द गिर्द मत मंडराना ।
इस कागज पर जो लिखा हुआ है,
नहीं आइन्दा से वो दोहराना ।

सबसे जुदा थी वह तभी तो,
दिल उसे भुला नहीं पायेगा ।
बहुत क्रोधित मेरे प्रेम निवेदन पे,
फिर उस से मिला नहीं जायेगा ।

गजब कशिश है उसकी यादों की,
क्या अक्श उसका मिट पायेगा ?
फिर बोलेगा ढाई आखर प्रेम का तो,
'प्रगतिशील' इडियट कहलायेगा ।

5. बेजुबान सी मुहब्बत

समझ न सके तुझको,
वक्त के मारे और नादान थे ।
जलती हुई शमाओं के दरम्याँ,
बुझे हुए शमादान थे ।

गुजार दिया तन्हाइयों को,
इंतजार बहारों का करके ।
घाव सी लिए ग़मों के लेकिन,
आखिर हम इन्सान थे ।

दिल दे बैठे थे तुमको,
अपने गुलिस्तां को महकाने ।
धक धक धधक उठे थे,
कुछ अनसुलझे अरमान थे ।

लफ्जों में बयां न हो पायेगी,
पीड़ा की दास्तान ये ।
निरीह मत समझो मुझको,
दीवाने होकर भी बेजुबान थे ।

6. मेरी चाहतें

फरिश्तों से भरी दुनियां में, मैं एक आदमी चाहता हूँ,
जमीं पर मेरी बड़ा शोर है, फलक से ख़ामोशी चाहता हूँ ।

वो हवा कुछ इस क़द्र चली, मेरे इश्क के फूल मुरझाये,
मैं इन उदास फूलों में, गेरुएँ रंग सी ख़ुशी चाहता हूँ ।

तुम्हारी छुअन से सिहर जाऊं, बादल हूँ बरस जाऊं,
दिल के जलते जज्बातों में, सिर्फ एक नमीं चाहता हूँ ।

हवाओं का है पहरा, घर मेरा क्षितिज पर ठहरा,
आंसुओ से लबालब छत, टूटे दिलों की जमीं चाहता हूँ ।

कोई वास्ता नहीं है मेरा इन महकती वादियों से,
मैं तो महज एक फुर्सत की जिंदगी चाहता हूँ ।

तुम कहो तो तुम्हे भुला दूँ मगर ये दिल मने तो सही,
राख से सपने सारे, ग़मों से निखरी बंदगी चाहता हूँ ।

जाता हूँ रोज बुतखानो में, तमन्ना ए परस्तिस लिए,
अब मेरा खुदा ही जाने, पत्थरों से क्या मांगना चाहता हूँ ।

न नाराज हूँ मैं चाँद से, न खफा आफ़ताब से हूँ लेकिन,
दोनों को एक ही दरमियाँ, आस्मां पे थामना चाहता हूँ ।

बहुत चहरे मिले मुझे हसीं, इस जिंदगी के सफ़र में,

सारतिका स्मृति अवशेष

ए मेरे हमसफ़र, मगर मैं तो सिर्फ तुम्हे चाहता हूँ ।

7. कुछ फूल कचनार के

मैं इंतजार में हूँ, मेरी चाहत की चौखट पे तू आये,
अलसाये है जो कचनार के फूल, फिर होश में आयें ।

तेरे आँचल से गुजर, हुई ताजी हवांए, रंगीन फिजायें,
मद के प्याले होठ तेरे, शब सी आँखों में दरिया लहराए ।

तेरी छुअन से मेरी बोशीदा गजले, रवानी से उफन जाये,
तेरी हंसी खनके, जुल्फे महके, तेरी ख़ामोशी कहर ढाए ।

इकरार करोगी या इनकार करो, इश्क बैचेन, मन घबराये,
न चुप बैठो, मेरा हिसाब करो, तश्नाकाम मन उकताये ।

बेघर दिल और उल्फत ए दर्द, मेरे जज्बों को दहकाये,
तुम न बेदिल बनो, साथ चलो, मिलन की रश्मे निभायें ।

तुम मुझ में घुलो, मैं तुम में घुलूं, न शहर से शरमायें,
लौट चलें घर पुराने, पगडंडियों पर दीप जलाएं, ईद मनाएं ।

8. सारतिका स्मृति अवशेष

अश्रुजल से धोएं है मैंने,
यादों के पावन पर्व तुम्हारे ।
लहरों सा लहरिल होता मन,
आँखों के जलमग्न किनारे ।

हिमकणों से निखरे होंठों की,
जुल्फों की छाँव सुहाती थी ।
कानों के स्वर्ण कर्ण फूल,
माथे की बिंदियाँ भाती थी ।

हंसी अनोखी खुल कर हँसना,
खनक पड़ना बस यूँ ही कंगना ।
गालों के गुलाबी आवर्तों में,
लहरों के ज्यों गर्त उभरना ।

प्रिये तू बहती जल बन,
मेरे विकल जीवन निर्झर में ।
वो तेरा अडूब उमड़ पड़ना,
मधुमास था छा जाता पतझड़ में ।

फूलों पर इतराते भौंरे,
कलियों से नाता जोड़ा था ।
मैं दिग्भ्रमित पगलाया सा,
खुद ही सहरा को दौड़ा था ।

तूने रोका था रास्ता मेरा,
स्वयं खडी थी मिट जाने को ।
देकर अपने अधरों के प्याले,
बाँहों में सिमट जाने को ।

पाया था भिक्षुक बनकर तुम्हे,
पत्थर की बेजान शिलाओं से ।
मैं सब कुछ खो बैठा मुफलिश,
फकत में तेरी अदाओं पे ।

अब सुरभि घेरे मिट गए,
शेंष सिर्फ़ यादें कुम्हलाती है ।
सीप समंदर बीच खो गयी,
उदास लहरें तट पर आती है ।

हृदय में करुणा भरी पड़ी,
ये ज्वालामुखी सा फटता है ।
हर याद पुराणी टीस बनी,
जीवन बोझ ही लगता है ।

वहशीपन का धुआं छाया,
अब तो यह जीवन भिखारी है ।
तेरे बिन प्रिये ये सांझे सुनी,
रातें भी लगती मारी मारी है ।

तूने दीवट पर मन मंदिर के,
क्यूँ प्यार के दीप जलाये ।
जब यूँ ही पथ में छोड़ना था तो,
क्यूँ सपनों के महल बनाये ।

प्रिये, हरिणों के बच्चे तुम्हे बुलाते है,
आँखों में पानी भर लातें हैं ।
पेड़ भी खड़े किनारे पथ के,
आने को हाथ हिलाते है ।

कहाँ बसाई है तूने बस्ती,
मैं बंजारा बन ढूँढ निकालूँगा ।
चाँद सितारों में खोई सोयी या,
हिमगिरी के प्रांगण में पता लूँगा ।

पाऊँगा कही जब विश्व विभव में,
ढूँढूँगा स्मृतियां अपने मिलन की ।
वादे कसमें संग जीने मरने की,
क्यूँ भूल गयी पीड़ा इस मन की ।

इन्तेजार क़यामत तक करना है,
शायद तू लौट के आ जाये ।
कयामत के दिन फिर तुमसे मिलना है,
वो अश्रुमय मिलन बस अब आये ।

9. भूल जाना चाहता हूँ

याद आता है वो जमाना,
मेरी मुहब्बत का,
उसकी इबादत का ।
वो शोख़ रंगों के दायरे सा,
हसीं चेहरा,
वो मासूमी उन होठों की,
सागर सी आँखे वो ।

कागज़ी पन्नो पर दास्ताँ,
दोस्ती की लिखी थी मैने ।
पर कागज के फूल,
हकीकत की धरा पर नहीं खिलते,
समर्पित होते है वे,
तूफानी बवंडरो को,
वे फूल नहीं सजाये जाते,
उमड़ती घटाओं सी जुल्फों में ।

मैं उसे भूल जाना चाहता हूँ,
शायद अफसाना थी,
इत्तेफाक थी,
उसने सीसा नहीं,
मदिर ढाया था ।
ठुकराया था उसने मेरी भावना को,
मेरी चाहत को, मेरी दोस्ती को,
मगर क्या जंगल की आग,

सारतिका स्मृति अवशेष

आंधी से बुझी है ?
क्या किनारे पड़े पत्थरों पे लिखे नाम,
लहरें मिटा पाई है ?

अब जब वो सामने आती है,
रस्ते बदल जाते हैं,
बदल जाता है शोख़ रंग,
किसी अनजान से गुस्से में,
निगाहें कुरेदने लगती है,
अतीत की जमीन,
और झगर मगर ये संगमरमरी शीशमहल,
पुकार उठते हैं,
किसी अनजान 'ममता'ज को,
शायद ताजमहल बनना चाहते हो ।

जानता हूँ किस्मत के पन्ने,
दुबारा नहीं लिखे जाते,
पर वो ठुकराइ चाहत अब,
वापस फुट पड़ना चाहती है,
बन जाना चाहती है झरना,
जो वादियों में गूंज उठे,
भौंरों की तरह ।
महक उठे फूलों की तरह ।

धीरे धीरे चुपके से,
उतरती जा रही है वो फिर से,
दिल के अहसासों में,
समाये चली जा रही है,
मेरी सांसो में ।

लगता है पतझड़ के बाद,
मधुमास फिर से लौट रहा हो,
मगर हर मधुमास के बाद भी तो,
वही पतझड़ आता है,
वही खामोशियाँ रोती हैं ।

इसलिए भूल जाना चाहता हूँ,
पर वो सामने आकर मेरे,
कोशिशें करती है, फिर से,
इस दिल में उतरने की,
और मजबूर करती है मुझे,
तह तक सोचने को,
जब उसने वफ़ा की ही नहीं,
और मैं बचने को तन्हाई से,
दूर हो गया था,
अपनी जी जिंदगी से ।

जब उसने वफ़ा की ही नहीं,
तो भूलना ही बेहतर है,
अब वास्तव मे मैं,
उसे भूल जाना चाहता हूँ ।
क्या सचमुच में भूल जाऊंगा,
सफ़र के हरेक पड़ाव पर,
शायद यही कहत पाऊंगा,
की गुजर जाओ ए काफिले वालो,
मैं उसे भूल जाना चाहता हूँ ।

10. इंतजार

इंतजार सा रहता है,
न जाने किसका ?
क्यूँ,
हर आहट में,
तलाशता हूँ अपनापन ।

भीड़ में ढूंढता हूँ ,
कोई बिखरा चेहरा,
दरवाजे पर दस्तक,
कहीं वो बड़ी बड़ी आँखे,
मुझे घुर तो नहीं रही ।

क्यूँ गंगा घाट के पानी में,
डूबता सूरज,
खुद के डूबने सा लगता है ।
मृत पत्थरों की नक्काशियां,
क्यूँ याद दिलाती हैं,
मेरा अतीत ।

क्यूँ किसी को व्यस्त देखकर,
प्रेम में,
व्यथित होता हूँ मैं ।
ढूंढता हूँ उसे मंदिरों में,
पेड़ों के पीछे छिपे सायों में,
हवाओं की सरगम में,

भूपेन्द्र नायक

आकाश में तारों बीच,
गेहूँ के लहलहाते खेतों में,
स्कूलों में कॉलेजों में,
तलाशता हूँ अपनापन,
मुसफिरखानों में ।

वर्षों से इंतजार है मेरी आँखों को,
उन आँखों का,
मेरे होठों को, उन होंठों का,
मेरी रूह व जिस्म को,
उस रूह व जिस्म का ।

इंतजार है उफनती लहरों को,
मचलते बदल का ।
उस गौरैया के वापिस,
पेड़ पर लौट आने का,
और इस ठूंठ जीवन में,
नई कोंपले फुट पड़ने का ।

अब तो हर वक्त,
हरेक काफिले में,
जिंदगी के हर पड़ाव पर,
सड़क के उस छोर से,
आते कदमों का,
इंतजार सा रहता है ।

11. नवोदय छोड़ने से पहले

नवोदय छोड़ने से पहले,
लूँगा विदा,
इसके ऑगन में लहलहाते,
दरख्तों से,
साक्षी, जो मेरे बचपन के,
जिन्होंने झेला पतझड़,
मेरी तरह जो कभी,
उदास खड़े,
और आहट से बसंत की,
तो कभी हँसे भी,
सर्दी से ठिठुरे,
गर्मी से झुलसे,
प्रेरणा देते रहे जो,
जीवन संग्राम में बढ़ने की ।

करूँगा सलाम उन गुरुजनों को,
संगीत जिनका बजता,
कही मेरे भीतर,
निर्झर की तरह,
भौंरों की तरह,
जिनके उपदेशों ने,
थाम रखा है,
जीवन नैया की पतवार को ।
उपदेश जो सहारा देते हैं,
मंजिल तक सफ़र की रौशनी,

दीप्तिमान रखते है,
मेरी राह को,
मेरी रूह को ।

दो शब्द कहूँगा,
स्कूल की बड़ी बड़ी इमारतों से,
जिनमे कैद है,
जीवन के एक दशक की यादें,
जिनकी सीमेंट अब सीमेंट नहीं,
मिटटी के रेतीले कण है,
जो फिसलते है मुठ्ठी से,
ज्यों फिसलता है वक्त,
आदमी की फितरत से ।

बतियाऊंगा क्रीडा के मैदानों से,
जिनपर खेल कईयों ने,
आयाम पाए,
चुकता किया कर्ज,
इनकी मिटटी का ।

करूँगा गुफ्तगू उस 'ममता'ज से,
जो स्वप्न थी,
झकझोर कर जीवन,
छोडा अमिट अक्श,
जिसके होंठों ने रखा व्यथित,
और जिसकी आँखों ने,
बनाये ऐसे शीशमहल,
ढह कर बन गए जो खंडहर,
उसके व्यक्तित्व के बोझ ने,

तोड़ दिए आशियाने ।

लूँगा वादा मेरे बेसहारा दोस्तों से,
जो खुशियों के शरीक थे,
गमो के हमदर्द थे,
संबल थे हताशा में,
कि, वो लिखते रहेंगे हमेशा,
अपने दुःख, अपने सुख,
नहीं होने देंगे अकेला मुझे,
जीवन के पड़ावो पर,
बन जायेंगे मेरी जिंदगी,
और जिन्दा रखेंगे 'प्रगतिशील' को ।

12. दोस्ती

दोस्ती,
पनपती है विश्वास की मिटटी में,
ढेलो को परे धकेल कर,
अंकुर फूटता है,
खुला आसमान देखने,
और दोस्ती झांकती है,
दिलों में भीतर,
जमाती है जड़ें,
कभी अलग नहीं होने की खातिर ।

दोस्ती,
अहसास है मीठा सा,
दूर होने पर यादों की पुरवाईयां,
टीस और पीड़ा भी,
सब इसी से तो है,
हरे पत्तो पर औस सी,
पवित्र है दोस्ती ।
जीवन की आँधियों में जड़ें जमाकर,
कयामत तक कड़ी रहती है।

दोस्ती
प्यार से सींचित होती है,
और लहलहा उठती है,
खिलखिला उठती है,
फसल दोस्ती की,

जन्मती है भावनाएं,
जो जुड़ जाती है अंतर्मन से ।

और दोस्त,
एक दूजे को समर्पित,
जिनके दुःख अकेलों के नहीं,
वे जाम पीतें है मिलकर ।

दोस्ती,
सागर जीतनी गहरी,
आकाश सी विस्तृत,
गरीबी की जमीन पर भी,
उठ खड़ी होती है,
समुन्द्र की छाती पर तरलता सी है,
हवाओं की दोस्ती है,
तभी तो,
लहरें उठती है सलाम करने दोस्ती को ।

दोस्ती,
घुप तिमिर में उजियाला है,
सहरा की तिस के लिए,
जल की दो बुँदे हैं,
यह बनाती है कारवां,
उड़ती रेट में टिल्लों से होकर,
जो मंजिल खोजने निकल पड़ता है।
और मवेशियों के गले में,
घंटियाँ बनकर,
बजती रहती है दोस्ती,
बियावान मरुस्थल में,

पैदा करती है संगीत ।

दोस्ती,
मुझे थामे हुए है,
मेरी जहाजों के मस्तूल ठीक है,
और दोस्ती की हवाएं,
मुझे किनारे पर ले जाएँगी,
सिर्फ और सिर्फ,
ये आपकी दोस्ती है,
आपकी दोस्ती है ।

13. बचा लो बचा सको तो

मेरे स्कूल के आगे,
सड़क के पार,
रेत के टीले पर बना है,
ढ़ाबा है या यंत्रणा स्थल ।

इसी ढाबे पर,
मजबूर सा एक साया,
ख़ामोशी का आलम ओढ़कर,
सूनेपन से सींच रहा था,
तपती धरती को ।
उसकी आँखों में दर्द,
जर्द उसका चेहरा,
काला स्याह धुएं सा जम गया है ।

वे उसे पकड़ लाये,
उडीषा के बाढ़ग्रस्त गाँव से,
कुछ दोस्तों से,
मेने फुसफुसाहट सुनी थी ।

वे उसे पीटते है,
उसकी पीठ पर चढतें है,
उसकी रूह तक छीन लेते है,
करंट के झटको से,
सुन्न कर देते है,
दिन भर झूठे बर्तन धोने के बाद,

खाने को झुठन देते है ।

वो सहता जाता है,
शांत होता जाता है,
उसकी मौन स्वीकृति,
आदमियत का अंत है ।

विचलित होंगे पिता,
बहन के आँखों में घिरती होगी,
कलाइयाँ भाई की,
माँ तो शायद बुत हो गयी होगी ।

इस ढाबे पर आते है,
ट्रक वाले, फौजी, अमीर,
एक नजर कातर भाव लिए,
सबकी पड़ती है,
पर कोई उसे मुक्त नहीं करवाता,
हैवानियत के इस बंधन से ।

ढाबे वाले की पहुँच,
ऊपर तक है,
बारूद के ढेर पर बैठ कर,
सिगार पीना कौन चाहेगा ।

मेरे स्कूल की सीमा,
चार फर्लांग दूर है,
काश वो पढ़ पाता,
वो बार बार मेरी तरफ देखता है,
काश मैं भी कुछ कर पाता ।

उसने आजादी महसूस नहीं की,
वो स्वतंत्रता नहीं जानता,
धर्म नहीं पहचानता,
जब जिस्म थक जायेगा,
ये टेढ़ी आँखों वाले,
मार डालेंगे उसे,
अंग बेच डालेंगे उसके,
खून, हृदय, किडनी, फेफड़े,
सब बेच देंगे,
वह खो जायेगा शायद,
इस प्यासे मरुस्थल में,
बचा लो दोस्त,
उसे बचा लो,
इंसानियत को, मानवता को,
बचा सको तो बचा लो ।

14. नारी सशक्तिकरण

झूठी कवायदें, सपने,
नारी सशक्तिकरण के,
पर शक्ति की जननी,
वह नारी,
कितनी सशक्त है ?

विमान उड़ना,
डॉक्टर, इंजिनियर और ड्राईवर,
सम्भालना प्रशासन को,
उभरती नैत्री के रूप में,
क्या यही मापदंड है,
नारी सशक्तिकरण के ?

समाज की विषमतायें,
अभी भी लीलती है उसे,
उसके जमीर को,
उसके जिस्म को,
उसके जेहन को ।

वह भी नारी है,
गाँव की अबला कहलाती है,
खेतों में, मेंढ़ों पर,
पौध ख़ुशी के रोपती,
और जो अक्सर,
टेलीफोन की खाई खोदती,

रोटी की बाट जोहती,
नजर आती है ।

वह भी नारी है,
पत्नी होने की एवज में,
शराबी पति ने पीटा जिसे,
घसीटा सड़क पर,
और जिसकी अंतड़ियों ने,
भूख से रिश्ता कर लिया ।

नारी सशक्तिकरण के नाम पर,
आयोजनों की भरमार,
प्रभाव को कौन रोता है,
यही सशक्त नारी,
कठपुतली है,
किसी पुरुष के हाथ की,
या खुद नारी के हाथ की ।

खुद ही,
अक्सर जिम्मेदार होती है,
भ्रूण हत्या की,
दहेज़ हत्या की ।
फिर केसे कहूँ,
कि नारी को सशक्त किया जाये ?

नहीं,
मैं कहता हूँ,
उसे पढाया जाये,
जीवन सरिता में बहने दिया जाये,

मुक्त किया जाये उसे,
समाज की जर्जरता से,
बेड़ियों से,
इसकी झूठी परम्पराओं से,
रीती रिवाजों से,
कठपुतलियों के बंधन से ।

नारी तो खुद शक्ति है,
शक्ति की जननी है,
प्रेरणा है मेरी और तुम्हारी,
फिर सशक्तिकरण की बात कहाँ,
उसे तो महफूज रहने दो,
स्वतंत्र रहने दो,
तभी वह संभव है,
जिसे हम सशक्तिकरण कहते है,
नारी का,
शक्ति का सशक्तिकरण !!

15. ख्याल ए हिज़्र

तेरा यूँ हँसना, कलियों को खिला देता है,
हमसे यूँ बतियाना, दिलों को मिला देता है ।

ख्याल ए हिज़्र, जब भी मन में आये मेरे,
ऐ प्रियतम मेरे, वो इस रूह को तडफा देता है ।

तेरे साथ बुने है सपने, मेने इस जिंदगानी के,
तेरे साथ चलूँ मै, साथ तेरा, शुकुं दिला देता है ।

तूफानों में संभलेगा, जब जब जीवन मचलेगा,
वीरान सोचना आलम, मेरे मन को हिला देता है ।

प्रियतम मत जाना दूर कभी, मेरे दिल दीवट से,
तेरा खनक खनक कर हँसना, हमको भी हंसा देता है ।

16. वह खोदती खाई

ज्यों 'निराला' को दिखी,
वो इलाहाबाद के पथ पर,
वह तोड़ती पत्थर,
त्यों दिखी मुझे वो आज,
अभावों की सताई,
वह खोदती खाई ।

वह खोदती खाई,
जेठ की तपती दुपहरी में,
मैं सूट बूट चश्मा पहने,
शोभायमान टाई गले में,
गुजरा उसके करीब से,
देखा कि वो व्यस्त हो,
मस्त हो मुस्कुरा रही,
वह खोदती मिटटी,
कंकरों को गौर से ।

वह हसीन था,
यौवन से भरपूर था,
चेहरा था, धुल से सना हुआ,
माथे से बहता हुआ,
शर्मशार पसीना हुआ,
खींचता उजली लकीरें,
जमी धुल धोकर,
उसकी हसीं सुन्दर सुरत पर,

मानो काली रात में,
ज्यों सूरज किरणे फूटती ।

वह विश्वास उन आँखों में,
ज्यों गाय की करुणा सा,
भेदता भीतर को,
मेरे अंतर्मन को,
करती परिश्रम कठोर,
इतना कि दुष्कर,
शोभित नहीं काया पर,
कोई स्वर्णाभूषण,
न कोई रेशमी वस्त्र,
फटे पुराने चिथड़े लिपटे,
उस अतीव मूर्त पर,
मानों निशा में चाँद को,
छितरे छितरे बादल,
ढकने का प्रयास करते ।

वह देख कर मुझे,
सोचती होगी,
मैं बेटा किसी रईस का,
बाबु बना देख कर,
वो भी लालायित हुयी होगी,
तरसी होगी पाने को,
ठाठ बाट अमीरों के,
जो रेशमी कलम से,
भाग्य लिखते है माथे पर,
मजदूरों के, मजबूरों के,
जो घुमते है,

भूपेन्द्र नायक

वातानुकूलित कारों में,
रहतें जो आलिशान भवनों में,
जो गरीबों की झोपड़ियों से,
ऊँचे होते,
जो गगन छूने का प्रयास करते ।

वह सोचना उसका कितना गलत,
न बेटा हूँ मैं किसी रईस का,
न अमीरी ठाठ बाट,
मेरी कायनात में,
गरीबों की झोपड़ियाँ,
थे मेरे आलिशान भवन,
झोपड़ियाँ जो जमीन से सटी हुयी,
कहानियाँ कहती मेरे अभावों की,
जहाँ भात एक प्रहर का,
जुटता मुश्किल से,
निष्ठुर परिश्रम से,
मुझे अमीरों में स्थापित करते,
ये जिस्म के महंगे वस्त्र,
मैने मेरे पिता का,
पसीना पहन रखा था,
जो बहा था,
इसी तरह गाँव में,
खाई खोदते ।

वह सोचना उसका कितना गलत,
बेटा था मैं भी उसकी तरह,
खाई खोदने वाले मजदुर बाप का,
एक इसे बाप का,

• 33 •

जिसकी रूह को,
मज़बूरी के नशे ने था जकड़ा हुआ ।
और जो झेलता,
समय के थपेड़ों को,
पढ़ा रहा मुझे अमीरों के बीच,
अमीरों की भांति,
बाबु बनाकर,
अपनी रगों के खून से,
मेरे बचपन के दरख्त को सींचते ।

वह देखना मेरा,
कुछ गौर से उसे,
महसूस यूँ हुआ कि,
मै जान लेना चाहता था,
पहचान लेना चाहता था,
अभावों को, मजबूरियों को,
संघर्षो को, सबुरियों को,
अनवरत मुस्कराहट के मन्त्र को,
मैं खींच लाना चाहता था,
उसे स्कूली कक्षाओं में,
रख देना चाहता था,
फावड़े से उधडी हथेलियों पर,
कुछ किताबें,
विश्वास से भरी आँखों में,
कुछ हर्फ़, कुछ ख्वाब,
मै जान लेना चाहता था,
क्यों वह खोदती खाई,
चीरती छाती जमीन की,
और वह खोदती खाई ।

17. वो भी तन्हां थे

जाने क्यूँ आजकल वो तन्हां से रहते है,
अश्क एक अनजान दरिया से बहतें हैं ।

वो सोगाते मुहब्बत उन्हें रास नहीं आयी,
सहरा में तिश्नगी, जिंदगी में प्यास नहीं आयी ।
किश्तियों को साहिल मिले तो मिले कैसे,
डूबती जिंदगी को, बचाने वो पास नहीं आयी ।
शिकवा अब वो इन बहारों से करते हैं,
खफ़ा खुद से हैं, बस किनारों में बहते हैं ।

वो मुस्कुरातें हैं अजीब से परेशानियाँ लिए,
देखतें हैं सफीनो को डूबते, हैरानियाँ लिए ।
धुआं सा दरम्याँ दिलों के हो गया है,
जश्न ए मुहब्बत का आलम कहीं खो गया है ।
ठुकराया उन कांच के बुतों ने हमें,
उनको पाने की तमन्ना, उनकी चौखट सो गया ।

आजकल वो जिंदगी से भी बेवफ़ा रहतें हैं,
ठुकराकर मेरे इश्क को, मजबूरियां कहते हैं ।

मजबूरे मुहब्बत, मेरा सजदा, तेरी जफ़ा को,
हम अक्सर याद तुझे ही किया करते हैं ।
हमारे नसीब में तेरा इश्क़ है ही नहीं,
सोचकर, दिल को समझा लिया करते हैं ।

जाने क्यूँ आजकल वो तन्हां से रहते है,
अश्क एक अनजान दरिया से बहतें हैं ।

18. चलो उन्हें भुला दें

ज़हरीली है उसकी यादें, कातिल है उसका इश्क,
दिले रुखसत हुए, न रही आरज़ू, न रहा कोई हक़ ।

छुपा ली है मैने, कुछ बातें उसके ख़त की,
जख्म उसके केसे दिखाऊ, केसे सुनाऊ गम भी ।

अब उन्हें भूलने से ये, जिंदगी संवर जाएगी,
ग़मों से निकल कर ये, बंदगी निखर जाएगी ।

वो चराग फिर मुसलसल जला करेंगे,
वो पुष्प फिर, चहक कर खिला करेंगे ।

खोज लेंगे खूबसूरती कोई और, जो मन बहलायें,
मेरी रूह को रिझाये, मेरे घर को सजाये ।

उन्हें भूल जाने से, खामोशियाँ खिलखिलाएगी,
फिर ये गिरती हुई लहरें संभल जाएगी ।

19. गज़ल

मैं इन्तजार में हूँ, अपनी ख्वाहिशों के दीप जलाये,
मेरे बागिचे के अलसाये फूल, जाने कब होश करेंगे ।

जाने कब होगी ताज़ा ये हवाएं, सुर्ख फिजायें,
तेरी मादक निगाहें, तेरे होठ, जाने क़ब मदहोश करेंगे ।
गजलों की उदासियों में, न जाने मैं डूबता क्यूँ हूँ ,
सितमगर वक्त भी ठहरेगा, कि सितारे रोष करेंगे ।

'ममता'ज की खामोशियों का मतलब, इकरार तो नहीं,
मगर उस से प्यार का इजहार, हम रोज करेंगे ।

मैं इंतजार में हूँ या वो आये, या उसका फरमान कोई,
मौला मेरे मुझको बता, उसके अरमाँ कब जोश करेंगे ।
कब खनकेगी हँसी उसकीं, कब लहरेगी जुल्फों की घटा,
सदियों से चुप है जो इश्क के साज, कब शोर करेंगे ।

मैं इन्तजार में हूँ, अपनी ख्वाहिशों के दीप जलाये,
मेरे बागिचे के अलसाये फूल, जाने कब होश करेंगे ।

20. गीत

है चाँद भीगा भीगा, ये मस्त समां है,
है रात आधी आधी, ये बहती हवा है ।

तारे सजाये रखना, आँचल उडाये रखना,
इन महकती जुल्फों को, तुम बिखराये रहना,
हम ख़्वाब में देखेंगें, तुझको गले लगाये,
हम प्यार प्यार करके, तुझपे ही मर मिट जाये ।

है चाँद भीगा भीगा, ये मस्त समां है,
है रात आधी आधी, ये बहती हवा है ।

है फुल खिलते खिलते , अश्कों से हमने धोये,
रातों को आधी उठ उठ, यादों में तेरी रोये,
हम तोड़ देंगें पत्थर, बंद बुतखाने कर दे,
बस तेरी ही पूजा में, हम अपना सब कुछ दे दें ।

है चाँद भीगा भीगा, ये मस्त समां है,
है रात आधी आधी, ये बहती हवा है ।

बाहों में तेरी आये, अधरों के जाम पिलाये,
है बरसातों का मौसम, मदमस्त फिजायें,
जीवन पथ के तुम राही, बस साथ साथ रहना,
हम बन जायेंगे नाविक, तुम नदियाँ बन के बहना ।

है चाँद भीगा भीगा, ये मस्त समां है,

है रात आधी आधी, ये बहती हवा है ।

21. अपनों का घर

घर है या घुटन है,
दीवारों में बंद,
औपचारिकतायें है,
चेहरों पर चस्पा है,
उदासियाँ,
लगता है हास्य,
रास्ता भूल गया है ।
रंगीन पर्दों पर,
थिरकती, नाचती जवानी,
कानफोड़ू संगीत,
मुझे और अकेला करता है ।

यूँ तो ये चहरे,
है मेरे अपने,
पर अपनेपन वाला,
खून जम गया है,
उबाल थम गया है ।
इस घर में समय बिताना,
कला है,
खोना बेतरतीब बिखरे,
अख़बारों में,
किताबों में,
वक्त पाबंद सब कुछ ।

मैं भी चला आता हूँ यहाँ,

एक तन्हाई से बचकर,
दूसरी में ।
शांत लहरों को,
साहिल समझ बैठा हूँ ।

इस गहर में,
गलतियों से परहेज,
नियम है,
वर्ना वकील साब,
कस देंगें,
कानून की सिखचें,
झूठी बहस से,
निरुत्तर कर देंगें ।

घर है ठीक वैसा,
जैसे पक्षी पिंजरा,
सुविधायें अनाप शनाप,
बस आपको लगेगा,
अजनबीपन,
बेगानापन,
घेर लेगा आपको,
परायापन ।

बोलो, है साहस,
बीता सको,
एक लम्हा,
अपनों के इस घर में ?

22. मुहब्बत में तो वो भी थे

मैं तन्हा तन्हा फिरता हूँ,
मंजिल को ढूंढा करता हूँ ।
पाऊँगा क्या मैं प्यार उसी का,
किस पत्थर को पूजा करता हूँ ।

रोते रोते उस दिन उसने,
मज़बूरी की कथा सुनायी थी ।
'मैं भूल तुम्हे नहीं पाऊँगी',
कह, आँखों में आँसू लाई थी ।
प्यार के अंजामों को सुना सुना,
आगाज का अंत किया था ।
दिल धू धू जलता लपटों में,
उसने ही बुझा दिया था ।

ये अब जलता तो नहीं लेकिन,
हौले हौले सुलगा करता है ।
उसकी यादों की आहट से,
डर डर के पिघला करता है ।

जब प्यार नहीं था तो उस दिन,
क्यूँ अश्कों में मुझे बहाया था ।
मैं जो भी था अच्छा था तब,
क्यूँ रिसते घाओं को सहलाया था ।
सौगंध देके माँ बाप की मुझको,
मेरे हर्फों को मिटा सकती हो ।

मेरे दिल में उठे दर्दों को कैसे,
बोलों तुम झुठला सकती हो ।

मैं होऊँगा, और होगा मेरा दीवानापन,
खुशियाँ तुमको, मुबारक मुझको सुनापन ।
अब मैं तन्हां तन्हां फिरता हूँ,
तुमको ही ढूंढा करता हूँ ।

परिचय

भूपेन्द्र नायक

राजस्थान के हनुमानगढ़ जिले के हिरनावाली गाँव में पिता श्री दीनदयाल व माता श्रीमती सरस्वती नायक के घर चैत्र माह के शुक्ल पक्ष की नवमी, विक्रमी सम्वंत २०४१, को जन्म ।

कक्षा १ से ५ तक की प्राथमिक शिक्षा गाँव में स्थित गुरु गोविन्द सिंह खालसा बा. उ. प्रा. विधालय से व ६ वीं से लेकर १० वीं तक की पढ़ाई जवाहर नवोदय विधालय, महियाँवाली, श्रीगंगानगर से पूरी की। विज्ञान विषय चुन लेने की वजह से आगे ११ वीं की पढ़ाई के लिए जवाहर नवोदय विध्यालय, सरदारशहर, चुरू तथा १२ वीं के लिए जवाहर नवोदय विध्यालय, गजनेर, बीकानेर से भी रूबरू होने का मौका मिला। तत्पश्चात स्नातक की पढाई लिए राजकीय महाविधालय, श्रीगंगानगर में दाखिला

लिया । लेकिन उसी दौरान भारतीय वायु सेना में चयन होने पर पढाई बीच में छोड़ प्रशिक्षण लेने चले गये । तत्पश्चात देश सेवा के साथ साथ ही पंजाब तकनिकी विश्वविध्यालय से कंप्यूटर अनुप्रयोग में स्नातक व चौधरी देवी लाल विश्वविध्यालय से कंप्यूटर अनुप्रयोग में परास्नातक की पढाई प्रथम श्रेणी से पूरी की । सम्प्रति भारतीय वायु सेना में सेवाएं देते हुए पूर्वोतर पर्वतीय विश्वविध्यालय, शिलौंग (मेघालय) से कंप्यूटर नेटवर्क सिक्यूरिटी में शोध कार्य कर रहे है ।

सम्पर्क:-
गाँव हिरनावाली,
तहसील व जिला - हनुमानगढ़
राजस्थान -३३५०६४
मोबाईल- +९१-८६०७०४४६६३
ई मेल- bhupinder.nayak@gmail.com
शोधकर्ता प्रोफाइल- https://orcid.org/0000-0003-4725-9661
फेसबुक - https://www.facebook.com/bhupinder.nayak

www.ingramcontent.com/pod-product-compliance
Lightning Source LLC
LaVergne TN
LVHW041547060526
838200LV00037B/1173
* 9 7 8 1 6 4 8 9 2 7 4 2 3 *